ABRÉGÉ

DE

LA GRAMMAIRE

ÉMINEMMENT PRATIQUE.

ABRÉGÉ

DE

LA GRAMMAIRE

ÉMINEMMENT PRATIQUE,

Mise à la portée de l'Intelligence des plus Jeunes Enfants,

PAR

A. BLANCHOT-DEVINEAU,

EX-INSPECTEUR TEMPORAIRE DES ÉCOLES DE L'ARRONDISSEMENT
DE SENLIS (OISE), MAITRE DU 1er ORDRE DE L'ÉCOLE
NORMALE PRIMAIRE DE PARIS, ET

Auteur de la Chorographie du département de Loir-et-Cher.

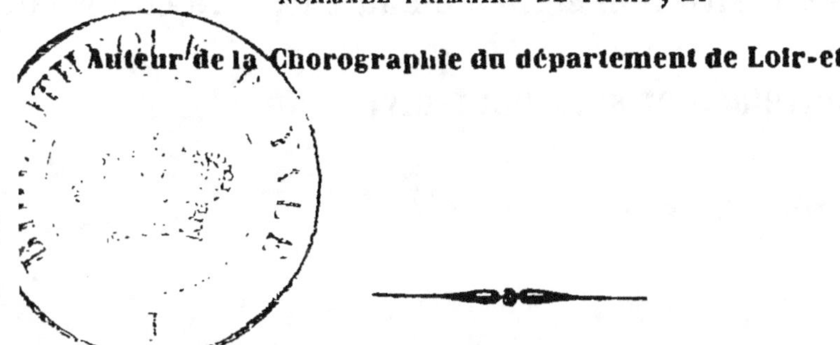

BLOIS,

CHEZ Mme Ve HAMON, LIBRAIRE, GRANDE-RUE;
CHEZ L'AUTEUR, PLACE LOUIS XII.

1845

Les exemplaires exigés par la loi ont été déposés.

Tout exemplaire non signé de l'auteur, sera contrefait.

Tout contrefacteur sera poursuivi.

PRÉFACE.

—

Peut-être dira-t-on, à la vue de ce livre : encore une grammaire ! N'en avons-nous pas déjà trop ? C'est ce que je me suis dit tout le premier : aussi ai-je hésité long-temps avant de la mettre sous presse. Mais, comme c'est le fruit de vingt ans d'expérience, de scrupuleuses observations faites sur l'enfance, de consciencieuses études de nos grammaires modernes, la tentation a été forte ; j'ai succombé, et ce livre a paru.

C'est une méthode simple, facile, naturelle, pratique, mise à la portée de l'intelligence la moins développée.

Mais, dira-t-on encore, il n'est guère possible d'innover en grammaire, car cette science est portée au suprême degré de perfection. Oui, certainement, je le reconnais : aussi, quant au fond, ce livre a beaucoup de ressemblance avec les autres qui traitent de la même matière ; un *nom* est toujours un *nom*, un *adjectif* toujours un *adjectif*. Cependant je me suis permis quelques petites hérésies, et je suis sûr de trouver de nombreux prosé-lytes parmi mes confrères les instituteurs.

Je mets les *articles* au rang des *adjectifs déter-minatifs*, parce qu'ils sont toujours joints aux noms, et que leur véritable rôle est de déterminer (1). Je fais un sixième mode du *participe*, parce que ce mot était placé dans les verbes comme un profane parmi les initiés. En effet, prenez un mot quelconque dans un verbe, il sera un *mode*, ou un *temps*, ou une *personne*, et le seul mot *participe* n'était rien de tout cela. D'accord avec MM. Meissas et Michelot, j'ai pensé qu'il était temps de le *naturaliser*. Quant à la partie didactique, elle est toute neuve et traitée avec soin ; les anciens procé-dés sont renversés de fond en comble ; c'est une révolution complète. Avec toutes les grammaires connues jusqu'à ce jour, quoique fort bonnes en théorie, on fait des élèves de nos écoles des ma-chines à orthographe ; on matérialise. Avec celle-ci on force l'enfant à la réflexion, au recueillement, et conséquemment on exerce son jugement, son intelligence ; on spiritualise.

Pour inspirer plus de confiance aux instituteurs, je me suis éclairé des lumières de plusieurs gens de l'art ; j'ai fait examiner et corriger mon manu-

---

(1) Grammaticalement parlant, *déterminer* signifie, donner à un mot une signification précise, nette. Exemple : *R'citez la géographie.*

scrit par un comité de juges compétents, d'hommes spéciaux dans les sciences pédagogique et grammaticale, et ils en ont approuvé le plan.

Avant d'offrir au public des écoles la *Grammaire éminemment pratique*, je l'ai appliquée dans ma classe, et j'ai obtenu des résultats très satisfaisants. Afin de rendre juges les personnes qui la liront, voici deux des meilleures compositions faites par deux élèves, après six mois d'exercice seulement.

Du 29 Mars 1845.

SUJET DONNÉ.

Écrire une lettre à son Maître de Pension, pour lui dire comment on a passé les vacances de Pâques.

« MON CHER MAITRE,

» Je vous écris cette petite lettre pour vous annoncer mon prochain retour dans votre pension, et pour vous marquer de quelle manière j'ai employé les jours de congé que vous avez eu la bonté de m'accorder.

» Vous savez que ma mère vint me chercher le mercredi au soir; j'arrivai le lendemain à midi : je ne puis vous exprimer la joie que j'éprouvai en revoyant mon pays natal.

» Une fois arrivé, après avoir été rendre visite à mes parents, je suis allé présenter mes hommages à madame de Rostaing, ma bienfaitrice, au châ-teau des Pâtis ; puis j'ai été me promener dans le parc et le jardin. Là, j'ai admiré une magnifique plantation d'orangers, un beau canal et un réservoir contenant beaucoup de poissons, et où le lendemain je revins pour pêcher.

» Les jours suivants, j'ai été voir M. le curé, l'instituteur, mon premier maître, et tous mes camarades. Je ne puis vous détailler comment j'ai employé tout le temps de mes vacances ; cependant je vous dirai que, dès les premiers jours, bien que je fusse au sein de ma famille, entouré d'amis, je me suis ennuyé ; je vous ai regretté, vous et tous mes compagnons d'études. Mais heureusement notre congé n'est pas de longue durée ; et le temps marqué pour rentrer à la pension arrive. J'espère qu'une fois rentré en classe, je travaillerai avec ardeur, et je ferai tout mon possible pour que vous n'ayez rien à me reprocher.

» Ainsi, Monsieur, jeudi prochain je serai de retour, et je reprendrai mes occupations ordinaires.

» Je finis ma lettre en vous assurant que je suis toujours votre élève dévoué.

» P. B. »

Du 7 Avril.

SUJET DONNÉ.

Description de l'Hiver et du Printemps. — COMPOSITION.

« Il n'y a pas long-temps encore que la neige couvrait la surface des champs, que les arbres étaient dépourvus de feuilles, de fleurs et de fruits ; que les lacs et les rivières étaient couverts de glace ; que le ciel était constamment chargé de nuages. Alors les oiseaux ne chantaient plus ; cachés avec soin dans le creux des arbres, ils cherchaient à se réchauffer. Le soleil ne donnait plus sa chaleur accoutumée ; le pauvre n'ayant pas où reposer sa tête était en proie à la plus grande misère. C'était l'hiver.

» Grâce au ciel, voilà ces jours de désolation et de tristesse achevés ; le soleil donne sa douce chaleur ; les arbres boutonnent et commencent à fleurir ; le vigneron taille sa vigne avec la plus grande activité ; le laboureur trace ses sillons avec intelligence, et sème les blés de mars, les orges et les avoines. Les oiseaux contents se perchent sur les plus hautes branches des arbres pour faire entendre leurs doux concerts. Les abeilles vont sur les fleurs naissantes pour sucer leurs doux calices, et en emporter le suc dans leurs ruches. C'est le doux printemps.

» **A. R.** »

PROCÉDÉS A SUIVRE

POUR L'ENSEIGNEMENT DE LA GRAMMAIRE.

1er *Procédé*. Chaque élève ayant un exemplaire de ce livre lira à son tour une ou plusieurs phrases.

2e *Procédé*. Le maître ou le moniteur fera les questions qui se trouvent après chaque *entretien*.

3e *Procédé*. Le maître ou le moniteur indiquera l'*exercice* à faire.

Nota. Les *exercices* seront faits sur le tableau noir, ou sur le papier, ou verbalement, selon l'exigence de chacun.

On ne devra jamais passer à un *entretien* suivant avant de savoir faire parfaitement les *exercices* de celui qui fait l'objet de la leçon présente.

Pendant la lecture de chaque leçon, l'élève lisant devra s'arrêter à chaque ligne ponctuée, afin de laisser au maître ou au moniteur le temps de faire les observations nécessaires.

ENTRETIENS

SUR LA GRAMMAIRE FRANÇAISE.

PREMIER ENTRETIEN.

INTRODUCTION.

1. La grammaire française est l'art de parler et d'écrire notre langue selon les règles établies.

2. En parlant, on emploie des mots; ces mots sont composés de *sons* et *d'articulations*.

3. Il y a, dans la langue française, quatorze sons, dont sept d'une seule lettre, *a, e, é, è, i, o, u*; et sept de deux lettres : *eu, ou, an, in, on, un, oi*. Les autres *sons* qui ne sont pas écrits ainsi, s'appellent *sans équivalents* (1).

4. Il y a vingt et une articulations, dont dix-huit d'une seule lettre : *b, c, d, f, g, j, k, l, m, n, p, q, r, s, t, v, x, z*; et trois de plusieurs lettres : *ch, gn, ill*. Il n'y a qu'une seule articulation équivalente : *ph*. Ces articulations sont dites simples par rapport à d'autres qui sont doubles ou triples, telles que : *bl, cr, pr, fl, scr*, etc. (1).

5. Les différentes combinaisons de ces sons et de

---

(1) Voyez la Phonologie, méthode de lecture du même auteur.

ces articulations forment tous les mots parlés dont se compose notre langue.

6. En écrivant, on emploie également des mots, et ces mots contiennent des lettres, lesquelles représentent les sons et les articulations.

7. Les lettres se divisent en voyelles et en consonnes.

8. Les voyelles sont: *a, e, i, o, u, y*. On les appelle voyelles parce que seules elles forment les sons que peut faire entendre la *voix*.

9. Les consonnes sont : *b, c, d, f, g, h, j, k, l, m, n, p, q, r, s, t, v, x, z*. Ces lettres sont appelées consonnes parce qu'elles ne peuvent sonner, c'est-à-dire que la voix ne peut les faire entendre qu'avec le secours des voyelles.

10. On appelle *minuscules* ou *mineures* les lettres faites de cette manière (les écrire sur un tableau noir): *a, b, c, d, e, f, g, h, i, j, k, l, m, n, o, p, q, r, s, t, u, v, x, y, z*; et *majuscules* ou *majeures*, celles-ci : A , B, C, D, E, F, G, H, I, J, K, L, M, N, O, P, Q, R, S, T, U, V, X, Y, Z.

11. Les différentes combinaisons de ces voyelles et de ces consonnes forment tous les mots écrits dont notre langue se compose.

Questions (1).... *Exercices*......

« (2)........................... »

---

(1) A la fin de chaque *entretien*, le maître ou le moniteur fera les questions et indiquera les exercices qui se trouvent dans la grammaire complète.

(2) A chaque ligne ponctuée, les élèves s'arrêteront afin que

2ᵉ ENTRETIEN.

12. On appelle syllabe un assemblage de lettres qui se prononcent d'une seule émission de voix :

Châ-teau, fon-tai-ne.

13. Une syllabe est quelquefois formée d'une seule lettre comme dans :

A-me, i-dée, o-deur.

14. On divise les mots en autant de syllabes qu'on fait entendre de sons en les prononçant.

15. L'arrangement de plusieurs mots qui forment un sens s'appelle phrase :

Dieu a créé le monde.

On appelle discours une certaine quantité de phrases coordonnées sur un même sujet.

DES ACCENTS.

16. Les accents sont de petits signes que l'on met sur les voyelles pour en modifier la prononciation.

17. Nous avons trois accents : l'accent aigu (') que l'on met sur l'*e* fermé, comme dans les mots suivants :

Vérité, sérénité, régénéré, etc.

18. L'accent grave (`) que l'on met sur l'*e* ouvert, comme dans :

Père, mère, frère, succès, accès, etc.

Cet accent se met aussi sur l'*a* et sur l'*u* dont il

---

le maître ou le moniteur fasse les observations qui se trouvent dans la grammaire complète.

modifie la valeur ou le sens sans rien changer à leur prononciation comme :

A, à ; *ou*, où.

19. L'accent circonflexe (ˆ) qu'on met sur la plupart des voyelles que l'on allonge par la prononciation, comme dans les mots :

Côte, apôtre, gîte, île, flûte, mûre, mulâtre, etc.

20. Les voyelles sur lesquelles on place l'accent circonflexe s'appellent *voyelles longues*, et, par opposition les autres s'appellent *voyelles brèves*.

21. Nous avons beaucoup de voyelles longues , ou plutôt de sons longs qui ne sont pas marqués par l'accent circonflexe :

Eau, sabre, chauve, chose, nez, mars, septembre, monstre, ventre , épouse , etc.

Et tous les mots terminés par *e* précédé d'une autre voyelle : *vie, vue, égarée, flétrie,* etc. (1)

Questions...... Exercices......

3e ENTRETIEN.

OBSERVATIONS SUR LES LETTRES *E, Y, H.*

22. L'*e* se prononce de trois manières *e, é, è*. On dit qu'il est muet lorsqu'il se prononce légèrement, ou qu'il ne se prononce pas, comme dans les mots suivants:

Monde, table, livre, je me loue, une belle robe.

23. On dit qu'il est fermé lorsqu'il est surmonté d'un accent aigu, comme dans :

Rasséréné, vérité, piété, etc.

---

(1) Voyez la Phonologie.

24. Il est aussi fermé, bien qu'il ne soit pas surmonté d'un accent aigu, dans un grand nombre ne mots dans lesquels le son *é* est formé d'un *e* et d'une consonne :

Boulanger, boucher, pommier, poirier, chanter, marcher, nez, venez, tranchez, pied, clef, etc.

25. On dit que l'*e* est ouvert lorsqu'il est surmonté d'un accent grave, comme dans :

Stère, austère, amère, considère, père, mère, etc.

26. Il est aussi ouvert, bien qu'il ne soit pas surmonté d'un accent grave, dans une grande quantité de mots où le son *è* est formé par un *e* et une ou deux consonnes, comme dans :

Lettre, belle, chandelle, ouvert, mer, bref, ver, fer, enfer, les, des, mes, tes, ses, etc.

27. L'*y* a la valeur d'un *i* lorsqu'il est placé au commencement ou à la fin des mots :

Yonne, yeux, bey, dey, Briey, Bernay, Tournay, Yvry, etc.;

Ou dans l'intérieur des mots, entre deux consonnes, ou même entre une consonne et une voyelle :

Hymen, hypocrite, myriamètre, myrte, syntaxe, myope, myologie, etc.

28. L'*y* vaut deux *i* lorsqu'il est placé entre deux voyelles, ou entre une voyelle et une consonne :

Noyer, payer, loyal, royal, abbaye, etc., *pays, paysan,* etc.

Cependant il ne vaut qu'un *i* dans :

Biscayen, payen, Bayeux, Troyes, Bayonne, Lafayette, etc.

29. La lettre *h* ne se prononce jamais, quelle

que soit la place qu'elle occupe dans un mot : toute-fois on l'appelle *muette* lorsqu'elle n'empêche pas la liaison de la consonne finale du mot précédent avec le mot commençant par *h* :

L'homme, les hommes, l'honneur, les honneurs, une horloge, des horloges, un hôte honnête, des hôtes honnêtes, etc.

30. On l'appelle *aspirée* lorsqu'elle empêche la liaison du mot précédent avec le mot commençant par *h* :

La hache, les haches, le hachis, la hallebarde, les hameaux, des harengs, un plat de haricots.

« .... »

Questions..... Exercices....   .

4e ENTRETIEN.

31. Nous possédons cinq sens ou facultés de sentir et de percevoir les objets qui existent réellement.

32. On nomme *organes* les parties de notre corps destinées à l'exercice de nos sens. C'est par les sens et leurs organes que notre ame se met en communication avec tout ce qui existe autour de nous.

33. Les cinq sens sont :

1° La *vue,* qui a pour organes les *yeux* avec lesquels nous voyons tout ce qui nous entoure.

2° L'*ouïe*, qui a pour organes les *oreilles* par lesquelles nous entendons les *sons, le bruit*.

3° L'*odorat*, qui a pour organe le *nez* par lequel nous sentons les odeurs.

4° Le *goût*, qui a pour organes la langue et le palais par lesquels nous goûtons, c'est-à-dire nous sentons les saveurs et nous distinguons ce qui est bon de ce qui est mauvais ; ce qui est agréable à boire ou à manger de ce qui ne l'est pas.

5° Le *toucher*, qui a pour organes toutes les parties du corps et principalement les mains avec lesquelles nous sentons les formes et les qualités diverses que prennent les objets , c'est-à-dire, que nous connaissons par nos mains si un objet est lourd ou léger, poli ou rugueux, chaud ou froid, etc.

Questions.... Exercices...

5ᵉ ENTRETIEN.

DES DIFFÉRENTES ESPÈCES DE MOTS.

34. On divise tous les mots dont se compose notre langue en huit espèces qu'on appelle parties du discours, ce sont :

1° Le *nom*, qui *nomme* les personnes, les animaux et les choses.

Pierre, Paul, Louise, chien , chat, cheval, table, banc, etc.

2° L'*adjectif*, qui fait connaître le genre, le nombre et la qualité des noms.

Le, la, les, mon, ta, ses, cet, ces, etc. ; *belle, aimable, grand, petit, noir, blanche,* etc.

3° Le *pronom,* qui remplace le *nom.*

Il, elle, lui, eux, moi, toi, nous, vous, etc.

4° Le *verbe,* qui exprime l'existence, la possession, l'action.

Être, je suis, nous serons; avoir, tu as, vous aurez; lire, je lis, ils liraient, nous étudions, etc.

5° L'*adverbe,* qui se joint au *verbe* et à l'*adjectif* pour en changer la signification.

Bien, mal, toujours, tendrement, bientôt, peu, etc.

6° La *préposition,* qu'on place avant les *noms* et les *verbes* pour les lier aux mots qui précèdent.

A, de, sur, contre, avec, entre, par, pour, sans, etc.

7° La *conjonction,* qui sert à joindre les mots et les phrases.

Et, si, mais, lorsque, que, etc.

8° L'*interjection,* qui exprime une émotion.

Ah! hélas! oh! eh bien! chut! paix! etc.

55. Les quatre premières parties ne comprennent que des mots variables, c'est-à-dire dont la terminaison change selon diverses circonstances; et les quatre autres comprennent les mots qui s'écrivent toujours de la même manière.

Du Nom (1). — Ire Partie du Discours.

36. On appelle *noms* tous les mots qui nomment des objets capables d'affecter nos sens. Nous les appellerons pour cette raison noms *sensibles*.

« . . . . »

Questions. . . . . *Exercices*. . . . .

6e ENTRETIEN.

37. Les noms sensibles sont de deux sortes ; il y a le nom commun et le nom propre.

38. On appelle nom *commun* celui qui convient à toutes les personnes d'une même classe, ou à toutes les choses d'une même espèce :

Homme, enfant, livre, cahier, table, plume, classe, banc, encrier, écolier, etc.,

Sont des noms communs, parce qu'ils s'appliquent les uns à toutes les personnes d'une même classe, les autres à toutes les choses d'une même espèce.

39. On appelle nom *propre* un nom qui ne convient pas à toute une classe d'individus, ou qui appartient exclusivement à l'objet ou aux objets qu'il désigne ; il sert à distinguer une ou plusieurs per-

---

(1) Tous les grammairiens l'appellent aussi *substantif*; mais il ne convient qu'aux mots représentant des objets *substantiels*: nous préférons le mot *nom*, parce qu'il convient dans tous les cas.

sonnes, ou une ou plusieurs choses de la même classe ou de la même espèce :

Pierre, Paul, Paris, Marseille, la Seine, etc.

‹ .... ›

Questions..... Exercices.....

7ᵉ ENTRETIEN.

40. Beaucoup de noms désignent des choses qui n'existent que dans notre esprit, dans notre imagination.

Nous les appellerons noms *abstraits*.

41. On reconnaît que ces mots sont des noms, parce qu'on peut les faire précéder des mots *le, la, les, un, une, des,* etc., ou en y joignant un autre mot qui en modifie le sens, en y ajoutant l'idée d'une qualité.

‹ .... ›

Questions..... Exercices.....

8ᵉ ENTRETIEN.

Des Genres et des Nombres.

42. Le *nom* est la seule partie du discours qui soit essentiellement variable, c'est-à-dire la seule qui soit susceptible de prendre le genre et le nombre. Les autres mots variables n'admettent de changement de forme que parce que, dans tous les cas, ils dépendent entièrement du nom.

Des Genres.

43. Il y a deux genres : le genre masculin et le genre féminin.

44. Le genre masculin s'applique aux noms qui désignent des êtres mâles, tels que :

Homme, garçon, cheval, taureau, chien, chat, etc.

45. Le genre féminin s'applique aux noms qui désignent des individus femelles, tels que :

Femme, fille, jument, vache, chienne, chatte, etc.

46. Il n'y a réellement de mâles et de femelles que dans les êtres animés; mais, par imitation, l'usage a donné un genre à des noms qui ne sont ni mâles, ni femelles, tels que :

Tableau, habit, chapeau, qui sont du genre masculin; *plume, casquette, maison,* qui sont du genre féminin.

Des Nombres.

47. Il y a deux nombres dans les noms : le singulier et le pluriel.

48. Un nom au nombre singulier représente un seul objet :

La table, un banc, le maître, cette croisée, la vertu, le vice, etc.

49. Un nom de nombre pluriel représente plusieurs objets :

Les tableaux, des bancs, les maîtres, ces croisées, les vertus, les vices, etc.

50. Pour marquer le pluriel dans les noms, on ajoute un *s* à la fin. Ainsi on écrit au singulier :

Le livre, la plume, un cahier, ma leçon, votre devoir, sans s, et au pluriel :

Les livres, les plumes, des cahiers, mes leçons, vos devoirs, avec un s à la fin.

« . . . . »

Questions.... Exercices.....

9ᵉ ENTRETIEN.

51. Les noms terminés au singulier par une des lettres *s*, *z*, *x*, ne changent pas au pluriel :

Le puits, les puits ; le bras, les bras ; le palais, les palais ; la voix, les voix ; la croix, les croix ; le prix, les prix ; le nez, les nez ; etc.

52. Pour marquer le nombre pluriel dans les noms terminés au singulier par *au*, *eau*, *eu*, on ajoute un *x* à la fin :

Le tuyau, les tuyaux ; le ruisseau, les ruisseaux ; le chapeau, les chapeaux ; le feu, les feux ; le jeu, les jeux ; le milieu, les milieux, etc.

53. Parmi les substantifs terminés au singulier par *ou*, il y en a sept seulement qui demandent un *x* au pluriel :

Pou, chou, genou, bijou, hibou, joujou et caillou,

Font :

Poux, choux, genoux, bijoux, hiboux, joujoux, cailloux.

Les autres suivent la règle générale, c'est-à-dire
qu'ils prennent un *s* au pluriel.

Ainsi *clou*, *fou*, *licou*, etc.,

Font :

Clous, *fous*, *licous*, etc.

54. Dans les noms terminés au singulier soit
par *al*, soit par *ail*, il y en a qui font leur pluriel
en changeant *al* ou *ail* en *aux* et d'autres qui prennent
un *s* à la fin :

*Le mal, les maux ; le général, les généraux ;
le maréchal, les maréchaux ; le caporal, les ca-
poraux ; etc.*

*Le bal, les bals ; le régal, les régals ; le carna-
val, les carnavals ; etc.*

*Le bail, les baux ; l'émail, les émaux ; le tra-
vail, les travaux ; le soupirail, les soupiraux ; le
corail, les coraux ; etc.*

*Le détail, les détails ; le portail, les portails ;
un gouvernail, des gouvernails ; etc.*

« . . . . »

Questions. . . . . . Exercices. . . . . .

10ᵉ ENTRETIEN.

DES ADJECTIFS. — IIᵉ PARTIE DU DISCOURS.

55. Les adjectifs sont des mots qu'on ajoute aux
noms pour en déterminer ou en modifier la signification. On les divise en deux classes : les adjectifs
déterminatifs et les adjectifs qualificatifs.

56. Il y a six espèces d'adjectifs déterminatifs :
1° les adjectifs déterminatifs simples ; 2° les composés ; 3° les numériques ; 4° les démonstratifs ; 5° les possessifs ; 6° les indéfinis.

57. Les adjectifs *déterminatifs simples* sont *le* pour le masculin et le singulier, *la* pour le féminin et le singulier, *les* pour les deux genres et le pluriel. Les adjectifs *le*, *la*, *les*, précèdent toujours les noms pour en déterminer la signification et l'étendue ; ils indiquent aussi que l'idée énoncée est la même pour tous les individus de la même classe :

Le village, la rivière, les hommes, les maisons.

« . . . . »

58. Les adjectifs *déterminatifs composés* sont *du, des, au, aux*. Leur rôle est le même que celui des déterminatifs simples.

« . . . . »

59. Les adjectifs *numériques* servent à indiquer d'une manière précise le nombre des personnes ou des choses dont on parle.

Un, deux, trois, quatre, cinq, six hommes.

60. Les adjectifs *démonstratifs* servent à déterminer les objets dont on parle en même temps qu'on les montre du doigt ou du geste, ou qu'on en rappelle le souvenir.

Ce sont : *ce, cet, cette, ces.*

61. Les adjectifs *possessifs* sont ceux qui déterminent les objets dont on parle tout en exprimant une idée de possession.

Mon, ton, son, ma, ta, sa, notre, votre, leur, mes, tes, ses, nos, vos, leurs, sont des déterminatifs possessifs.

« .... »

62. Les adjectifs *indéfinis* indiquent un certain nombre qu'on ne précise pas, pris dans un autre nombre indéterminé.

Quelques, plusieurs, maint, des, etc.

« .... »

Questions..... Exercices.....

11ᵉ ENTRETIEN.

63. Les adjectifs *qualificatifs* sont des mots qui expriment la qualité, bonne ou mauvaise, des noms auxquels ils se rapportent, ou qui en modifient la manière d'être.

La *grande* chambre, une *bonne* plume.

« .... »

Questions..... Exercices.....

12ᵉ ENTRETIEN.

Des Genres et des Nombres dans les Adjectifs.

64. Les adjectifs étant attachés aux noms sont toujours au même genre et au même nombre que les noms auxquels ils sont joints.

« .... »

65. On peut donc dire : règle générale, l'adjec-

tif s'accorde toujours en genre et en nombre avec le *nom* qu'il qualifie ou auquel il se rapporte.

DE LA FORMATION DU FÉMININ DANS LES ADJECTIFS QUALIFICATIFS.

66. Lorsqu'un adjectif du genre masculin est terminé par un *e* muet, il s'écrit de même au féminin.

Un homme *sage, raisonnable, fidèle*. Une femme *sage, raisonnable, fidèle*.

67. La règle la plus générale est celle-ci : lorsque l'adjectif au masculin n'est pas terminé par un *e* muet, on en ajoute un pour former le féminin.

Un garçon *patient, prudent, grand;* une fille *patiente, prudente, grande*.

‹ . . . . ›

Questions. . . . . *Exercices*. . . . .

13ᵉ ENTRETIEN.

DE LA FORMATION IRRÉGULIÈRE DU FÉMININ DANS LES ADJECTIFS.

68. Il y a de nombreuses exceptions aux règles que nous avons données sur la formation du féminin dans les adjectifs qualificatifs.

69. 1ʳᵉ *Exception*. Les adjectifs terminés au singulier masculin par *eur* forment leur féminin : 1° les uns en changeant *eur* en *euse;* 2° les autres

en changeant *eur* en *rice;* 3° enfin d'autres par l'addition d'un *e muet.*

1er Exemple : *Danseur, trompeur, voleur, sauteur,*

Font au féminin :

Danseuse, trompeuse, voleuse, sauteuse.

2e Exemple : *Accusateur, conducteur, créateur, protecteur,*

Font au féminin :

Accusatrice, conductrice, créatrice, protectrice.

3e Exemple : *Intérieur, antérieur, meilleur, majeur, supérieur, inférieur,*

Font au féminin :

Intérieure, antérieure, meilleure, majeure, supérieure, inférieure.

70. Il y a d'autres adjectifs terminés par *eur* au masculin, qui font leur féminin en *eresse.* Exemple :

Masculin.	Féminin.
Bailleur,	*Bailleresse.*
Chasseur,	*Chasseresse* (poétique).
Demandeur,	*Demanderesse,*
Défendeur,	*Défenderesse,* } en justice.
Devineur,	*Devineresse.*
Pécheur,	*Pécheresse.*
Vengeur,	*Vengeresse.*

71. *2ᵉ Exception.* Dans les adjectifs terminés au masculin par *c*, il y en a qui, dans la formation du féminin, changent le *c* en *que*, et d'autres en *che*.

MASC. *Un lieu public, un homme caduc, un chapeau blanc, un homme franc, du foin sec.*

FÉM. *Une place publique, une femme caduque, une casquette blanche, une femme franche, de l'herbe sèche.*

L'adjectif *grec* fait au féminin *grecque*.

72. *3ᵉ Exception.* Dans les adjectifs terminés au masculin par *f*, on change cette lettre en *ve* au féminin.

MAS. *Un homme veuf, un petit garçon vif, un son bref.*

FÉM. *Une femme veuve, une petite fille vive, une voyelle brève.*

73. *4ᵉ Exception.* Dans les adjectifs terminés au masculin par *x*, on change cette lettre en *se* au féminin.

MASC. *Un homme honteux, jaloux, malheureux.*

FÉM. *Une femme honteuse, jalouse, malheureuse.*

Il y a encore une exception à cette règle exceptionnelle, car *doux, roux, faux,* font au féminin *douce, rousse, fausse.*

74. *5ᵉ Exception.* Pour former le féminin dans

les adjectifs terminés comme dans le tableau suivant, on double la consonne et l'on y ajoute un *e* muet.

Terminaisons.	Masculin.	Féminin.
as	gras	grasse.
el	cruel	cruelle.
eil	vermeil	vermeille .
et	violet	violette.
il	gentil	gentille.
ien	ancien	ancienne.
yen	moyen	moyenne.
ol	mol	molle.
on	bon	bonne.
os	gros	grosse.
ot	sot	sotte.
ul	nul	nulle.

75. 6ᵉ *Exception*. Les adjectifs *complet, concret, discret, inquiet, replet, secret* font leur féminin en prenant tout à la fois un *e* muet et un accent grave sur l'*e* qui précède le *t,* ce qui fait *complète*, etc.

76. 7ᵉ *Exception*. Les adjectifs *beau, nouveau, fou, mou, vieux*, n'ont pas de féminin; mais on se sert de *belle, nouvelle, folle, molle, vieille*, féminin, de *bel, nouvel, fol, mol, vieil*, qui s'emploient devant un mot commençant par une voyelle ou un *h* muet.

77. 8ᵉ *Exception*. Il y a d'autres adjectifs qui forment leur féminin d'une manière si irrégulière

qu'il n'est pas possible de les ranger par catégorie.

Masculin.	Féminin.
Absous.	Absoute.
Dissous	Dissoute.
Benin	Benigne.
Malin	Maligne.
Coi	Coite (inusité).
Frais	Fraîche.
Favori	Favorite.
Jumeau	Jumelle.
Long	Longue.

78. 9e *Exception.* Les adjectifs *châtain, fat, imposteur, rosat, agresseur*, ne s'emploient pas au féminin.

FORMATION DU PLURIEL DANS LES ADJECTIFS QUALIFICATIFS.

79. Pour former le pluriel dans les adjectifs on observe les mêmes règles que pour les *noms.* (Voyez n°s 50 à 54.)

Questions..... Exercices.....

14e ENTRETIEN.

DU PRONOM. — IIIe PARTIE DU DISCOURS.

80. Le *pronom* est un mot qui tient la place du *nom* pour en éviter la répétition.

Exemple : *Que le Seigneur soit avec* VOUS, LUI *dis-je, et que les prières que* NOUS LUI *avons adressées* VOUS *portent bonheur.*

« .... »

81. On distingue six espèces de pronoms :

1° Les pronoms personnels ; 2° les pronoms possessifs ; 3° les pronoms relatifs ; 4° les pronoms interrogatifs ; 5° les pronoms démonstratifs ; 6° les pronoms indéfinis.

82. Les *pronoms personnels* sont ceux qui désignent plus particulièrement les personnes et les choses.

83. On appelle *personne* le rôle que les pronoms jouent dans le discours.

84. Il y a trois personnes.

La première est celle qui parle, et ses pronoms sont : *je, me, moi,* pour le singulier et les deux genres ; *nous* pour le pluriel et les deux genres.

La deuxième personne est celle à qui l'on parle, et ses pronoms sont : *tu, te, toi,* pour le singulier et les deux genres : *vous* pour le pluriel et les deux genres.

La troisième personne est la personne ou la chose dont on parle, et ses pronoms sont :

Pour le masculin singulier, *il, lui, le ;*

Pour le féminin singulier, *elle, lui, la ;*

Pour le masculin pluriel, *ils, eux, les, leur ;*

Pour le féminin pluriel, *elles, les, leur ;*

Pour les deux genres et les deux nombres, *se, soi.*

85. Les *pronoms possessifs* font connaître la possession et le possesseur de l'objet dont on parle.

Le possesseur est toujours de première, ou de deuxième, ou de troisième personne ; Ex.

Mon fils a fait son devoir, mais Paul n'a pas fait *le sien* (sous-entendu devoir).

Voici tous les pronoms possessifs :

SING. MASC.	SING. FÉM.	PLUR. MASC.	PLUR. FÉM.
Le mien,	La mienne,	Les miens,	Les miennes.
Le tien,	La tienne,	Les tiens,	Les tiennes.
Le sien,	La sienne,	Les siens,	Les siennes.
Le nôtre,	La nôtre,	Les nôtres,	Les nôtres.
Le vôtre,	La vôtre,	Les vôtres,	Les vôtres.
Le leur,	La leur,	Les leurs,	Les leurs.

« . . . . »

86. Les *pronoms relatifs* sont ceux qui ont un rapport direct avec un nom ou un pronom exprimé auparavant.

Qui, que, quoi, dont, lequel, laquelle, auquel, en, y, sont des pronoms relatifs.

C'est Dieu qui *fit le monde. Qui,* se rapportant à *Dieu,* est un pronom relatif.

Celui qui *récite bien ses leçons est récompensé. Qui,* se rapportant à *celui,* est un pronom relatif.

87. Le *nom* ou le *pronom* auquel se rapporte le *pronom relatif* s'appelle *antécédent.* Dans les phrases ci-dessus, *Dieu* et *celui* sont les antécédents des pronoms *qui, qui.*

88. Le pronom relatif est toujours du même genre et du même nombre que son antécédent.

La leçon que j'ai récitée.

Le pronom relatif *que* est du féminin et au singulier, parce que son antécédent *leçon* est du féminin et au singulier.

« .... »

89. Les *pronoms interrogatifs* sont, à peu d'exceptions près, les mêmes que les pronoms relatifs ; mais ceux-ci se rapportent toujours à un nom ou à un pronom exprimé, et ceux-là ne se rapportent qu'à un nom sous-entendu.

Qui, que, quoi, lequel, laquelle, sont des pronoms interrogatifs. *Qui vous a permis de sortir ? Que faites-vous là ? A quoi pensez-vous?*

90. Les *pronoms démonstratifs* sont ceux dont on se sert pour indiquer, pour montrer les objets dont on parle.

Ce, ceci, cela, des deux genres et des deux nombres.

Celui, celui-ci, celui-là, masculin singulier.
Ceux, ceux-ci, ceux-là, masculin pluriel.
Celle, celle-ci, celle-là, féminin singulier.
Celles, celles-ci, celles-là, féminin pluriel.

« .... »

91. Les *pronoms indéfinis* sont ceux qui désignent une personne ou une chose d'une manière vague et indéterminée, comme :

On, quelqu'un, chacun, autrui, personne, quiconque, plusieurs, nul, tel, l'un, l'autre, etc.

« .... »

Questions..... Exercices

15e ENTRETIEN.

Du Verbe. — IVe Partie du Discours.

92. Les mots qui expriment l'existence simple ou modifiée, la possession, l'action, sont des verbes.

93. Verbes exprimant l'existence simple : *Je* suis *celui qui* est.

94. Verbes exprimant l'existence modifiée : *Il* était *pauvre. Vous* êtes *honnête.*

95. Verbes exprimant la possession : J'ai *faim. Vous* avez *raison. Il* a *tort.*

96. Verbes exprimant l'action : *Je* marche. *Nous* chanterons. *Ils* écrivaient.

« . . . . »

Dans les verbes on considère le sujet, la personne, le nombre, le temps et le mode.

DU SUJET.

97. On appelle sujet d'un verbe le nom ou le pronom qui désigne la personne ou la chose qui est, qui possède ou qui fait une action quelconque. Ex. Je *suis.* Vous *avez.* Il *marche.* Paul *récite sa* leçon. *Je, vous, il, Paul,* sont sujets des verbes *suis, avez, marche, récite.*

DE LA PERSONNE.

98. Dans toute conversation, une personne parle à une autre personne de quelqu'un ou de quel-

que chose ; celle qui parle est la première, celle à qui l'on parle la deuxième, celle de qui l'on parle la troisième. D'où il suit que le sujet du verbe est de première, deuxième ou troisième personne. En conséquence, le verbe est toujours de même personne que son sujet.

DU NOMBRE.

99. Comme il peut y avoir une ou plusieurs personnes, ou une ou plusieurs choses qui *existent*, qui *possèdent* ou qui *agissent*, il y a deux nombres dans les verbes, le singulier et le pluriel. Le verbe doit être au singulier quand son sujet est au singulier. Le verbe doit être au pluriel quand son sujet est au pluriel. C'est pourquoi, règle générale, le verbe s'accorde en personne et en nombre avec son sujet.

DU TEMPS.

100. On nomme temps l'époque, le moment de l'existence, de la possession, de l'action exprimées par le verbe. On divise le temps en trois époques : le *présent*, le *passé* et le *futur* ou *avenir*.

101. Le présent indique que le sujet est, possède, agit au moment même de la parole : *Je suis, Tu as, Il écoute*.

102. Le passé indique que le sujet a été, a possédé, a agi avant le moment où l'on parle : *Vous avez été, Nous avons eu, Ils ont marché*.

103. Le futur indique que le sujet sera, possé-

dera, agira après le moment où l'on parle : *Tu seras, Nous aurons, Vous écrirez.*

104. Il n'y a qu'un seul temps présent, mais il y a plusieurs nuances de passés et de futurs.

« .... »

105. Conjuguer un verbe, c'est le lire, ou l'écrire, ou le réciter dans toute l'étendue de ses temps, nombres et personnes.

106. Le verbe *être* et le verbe *avoir* étant essentiellement nécessaires pour la conjugaison des autres, nous commencerons par ces deux verbes, qui, lorsqu'ils servent à conjuguer les verbes d'action, s'appellent *auxiliaires*. Nous commencerons par le verbe *avoir*, parce qu'il est auxiliaire de lui-même et du verbe *être*.

« .... »

Questions..... *Exercices*.....

16ᵉ ENTRETIEN.

VERBE DE POSSESSION : *AVOIR.*

107. **INFINITIF**

PRÉSENT.
Avoir.

PASSÉ.
Avoir eu.

PARTICIPE

PRÉSENT.
Ayant.

PASSÉ.
Eu, eue.

PASSÉ COMPOSÉ.
Ayant eu.

INDICATIF

PRÉSENT.
J'ai.
Tu as.
Il a.
Nous avons.
Vous avez
Ils ont.

IMPARFAIT.

J'avais.
Tu avais.
Il avait.
Nous avions.
Vous aviez.
Ils avaient.

PASSÉ DÉFINI.

J'eus.
Tu eus.
Il eut.
Nous eûmes.
Vous eûtes.
Ils eurent.

PASSÉ INDÉFINI.

J'ai eu.
Tu as eu.
Il a eu.
Nous avons eu.
Vous avez eu.
Ils ont eu.

PASSÉ ANTÉRIEUR.

J'eus eu.
Tu eus eu.
Il eut eu.
Nous eûmes eu.
Vous eûtes eu.
Ils eurent eu.

PLUS-QUE-PARFAIT.

J'avais eu.
Tu avais eu.
Il avait eu.
Nous avions eu.
Vous aviez eu.
Ils avaient eu.

FUTUR SIMPLE.

J'aurai.
Tu auras.
Il aura.
Nous aurons.

Vous aurez.
Ils auront.

FUTUR COMPOSÉ.

J'aurai eu.
Tu auras eu.
Il aura eu.
Nous aurons eu.
Vous aurez eu.
Ils auront eu.

CONDITIONNEL

PRÉSENT.

J'aurais.
Tu aurais.
Il aurait.
Nous aurions.
Vous auriez.
Ils auraient.

PASSÉ.

J'aurais eu.
Tu aurais eu.
Il aurait eu.
Nous aurions eu.
Vous auriez eu.
Ils auraient eu.

DEUXIÈME PASSÉ.

J'eusse eu.
Tu eusses eu.
Il eût eu.
Nous eussions eu.
Vous eussiez eu.
Ils eussent eu.

IMPÉRATIF

PRÉSENT.

Aie.
Qu'il ait.
Ayons.
Ayez.
Qu'ils aient.

SUBJONCTIF	PASSÉ.

PRÉSENT OU FUTUR.

Que j'aie.
Que tu aies.
Qu'il ait.
Que nous ayons.
Que vous ayez.
Qu'ils aient.

Que j'aie eu.
Que tu aies eu.
Qu'il ait eu.
Que nous ayons eu.
Que vous ayez eu.
Qu'ils aient eu.

IMPARFAIT.

PLUS-QUE-PARFAIT.

Que j'eusse.
Que tu eusses.
Qu'il eût.
Que nous eussions.
Que vous eussiez.
Qu'ils eussent.

Que j'eusse eu.
Que tu eusses eu.
Qu'il eût eu.
Que nous eussions eu
Que vous eussiez eu.
Qu'ils eussent eu.

Questions..... Exercices.....

17ᵉ ENTRETIEN.

CONJUGAISON DU VERBE D'EXISTENCE : *ÊTRE.*

108. INFINITIF

PRÉSENT.
Être.

PASSÉ.
Avoir été.

PARTICIPE

PRÉSENT.
Étant.

PASSÉ.
Été.

PASSÉ COMPOSÉ.
Ayant été.

INDICATIF

PRÉSENT.
Je suis.
Tu es.
Il est.
Nous sommes.
Vous êtes.
Ils sont

IMPARFAIT.
J'étais.
Tu étais.
Il était.
Nous étions.
Vous étiez.
Ils étaient.

PASSÉ DÉFINI.
Je fus.
Tu fus.
Il fut.
Nous fûmes.
Vous fûtes.
Ils furent.

PASSÉ INDÉFINI.
J'ai été.
Tu as été.
Il a été.
Nous avons été.
Vous avez été.
Ils ont été.

PASSÉ ANTÉRIEUR.

J'eus été.
Tu eus été.
Il eut été.
Nous eûmes été.
Vous eûtes été.
Ils eurent été.

PLUS-QUE-PARFAIT.

J'avais été.
Tu avais été.
Il avait été.
Nous avions été.
Vous aviez été.
Ils avaient été.

FUTUR SIMPLE.

Je serai.
Tu seras.
Il sera.
Nous serons.
Vous serez.
Ils seront.

FUTUR PASSÉ.

J'aurai été.
Tu auras été.
Il aura été.
Nous aurons été.
Vous aurez été.
Ils auront été.

CONDITIONNEL

PRÉSENT.

Je serais.
Tu serais.
Il serait.
Nous serions.
Vous seriez.
Ils seraient.

PASSÉ.

J'aurais été.
Tu aurais été.
Il aurait été.

Nous aurions été.
Vous auriez été.
Ils auraient été.

DEUXIÈME PASSÉ.

J'eusse été.
Tu eusses été.
Il eût été.
Nous eussions été.
Vous eussiez été.
Ils eussent été.

IMPÉRATIF

PRÉSENT.

Sois.
Qu'il soit.
Soyons.
Soyez.
Qu'ils soient.

SUBJONCTIF

PRÉSENT OU FUTUR.

Que je sois.
Que tu sois.
Qu'il soit.
Que nous soyons.
Que vous soyez.
Qu'ils soient.

IMPARFAIT.

Que je fusse.
Que tu fusses.
Qu'il fût.
Que nous fussions.
Que vous fussiez.
Qu'ils fussent.

PASSÉ.

Que j'aie été.
Que tu aies été.
Qu'il ait été.
Que nous ayons été.
Que vous ayez été.
Qu'ils aient été.

PLUS-QUE-PARFAIT.	Q. nous eussions été.
Que j'eusse été.	Que vous eussiez été.
Que tu eusses été.	Qu'ils eussent été.
Qu'il eût été.	

(. . . .)

Questions.... Exercices.....

18e ENTRETIEN.

Des Modes.

109. On appelle modes les diverses manières de représenter l'existence, la possession, l'action.

110. Il y a six modes : 1º L'Infinitif; 2º le Participe; 3º l'Indicatif; 4º le Conditionnel; 5º l'Impératif; 6º le Subjonctif.

111. Le verbe s'emploie au mode *Infinitif* quand on veut exprimer l'existence, la possession ou l'action d'une manière générale, sans nombre ni personne.

Être, avoir, écrire, parler.

112. Le verbe s'emploie au mode *Participe*, quand on veut exprimer l'existence, la possession, l'action, d'une manière vague, tout en modifiant le sujet.

Étant, été, ayant, eu, lisant, lu.

113. Le verbe s'emploie au mode *Indicatif*, quand on veut représenter l'existence, la possession, l'action, d'une manière positive. Exemple :

Présent : *Je suis content.* Futur : *J'aurai faim.*
Passé : *J'ai étudié ma leçon.*

114. Le verbe s'emploie au mode *Conditionnel*
quand on veut exprimer l'existence, la possession,
l'action, avec dépendance d'une condition.

Tu serais savant si tu avais étudié.

115. Le verbe s'emploie au mode *Impératif*,
quand on veut exprimer l'existence, la possession,
l'action, avec commandement, prière, recomman-
dation.

Sois sage. Écrivez une page.

116. Le verbe s'emploie au mode *Subjonctif*,
quand on veut exprimer l'existence, la possession
ou l'action, dans tous les cas où il y a doute,
crainte, nécessité, possibilité.

*Il faut que je sois à Paris le premier du mois
prochain.*

117. Il y a dans les verbes un temps présent,
cinq temps passés et deux futurs.

118. Le verbe au temps présent, nous l'avons
dit, est celui qui exprime que le sujet est, possède,
agit au moment même de la parole.

Je suis, j'ai, je lis.

119. Les cinq temps qui indiquent le passé
sont :

1° L'*Imparfait*, qui exprime l'existence, la possession, l'action, comme présente, en la rapportant à une époque passée ;

J'étais malade lorsque vous vîntes me voir.

2° Le *Passé défini*, qui exprime l'existence, la possession, l'action, comme ayant eu lieu dans un temps complètement écoulé :

Hier, vous écrivîtes à vos parents.

3° Le *Passé indéfini*, qui exprime l'existence, la possession, l'action, comme ayant eu lieu dans un temps entièrement écoulé ou non :

Tu as bien travaillé la semaine dernière. Vous avez déjeuné ce matin à neuf heures.

4° Le *Passé antérieur*, qui exprime l'existence, la possession, l'action, comme ayant eu lieu immédiatement avant une autre dans un temps passé :

Quand j'eus fini mon devoir, je déjeûnai.

5° Le *Plus-que-parfait*, qui exprime l'existence, la possession, l'action, comme passées en elles-mêmes, mais encore relativement à un autre temps passé :

Il avait été malade lorsqu'il vous fit une visite.

120. Les deux temps qui marquent le futur sont :

1° Le *Futur simple*, qui exprime que le sujet sera, possèdera, agira, après le moment de la parole :

Demain, je serai bien sage, et maman me mènera à la campagne.

2° Le *Futur antérieur*, qui exprime l'existence, la possession, l'action, comme devant avoir lieu avant un autre temps :

Vous aurez fini votre devoir quand je viendrai.

121. Le mode *Indicatif* seul possède ces huit temps : les autres n'en ont que quelques-uns, et dans chacun des modes la forme du verbe varie quoique au même temps. Exemple :

Présent de l'indicatif : *Je suis, j'ai, je mange.* Présent du conditionnel : *Je serais, j'aurais, je mangerais.* Présent du subjonctif : *Que je sois, que j'aie, que je mange.*

122. On divise les temps des verbes en temps simples et en temps composés.

123. Les temps simples sont ceux qu'on écrit sans le secours des temps du verbe *avoir* ou du verbe *être.*

124. Les temps composés sont ceux qu'on ne peut écrire sans le secours des temps du verbe avoir ou du verbe être.

125. On divise encore les temps des verbes en primitifs et en dérivés

126. Les temps primitifs sont ceux qui aident à former les autres temps.

127. Il y a cinq temps primitifs, qui sont :

1° Le présent de l'Infinitif; 2° le présent du Participe ; 3° le passé du Participe; 4° le présent de l'Indicatif; 5° le Passé défini.

128. Les temps dérivés sont ceux qui sont formés des temps primitifs.

129. On distingue dans un verbe deux parties : le radical et la terminaison.

130. On appel radical la partie du mot qui ne change pas dans toute la conjugaison d'un verbe.

131. On nomme terminaison la partie qui suit le radical et qui change presque à chaque personne.

Exemple : *Chant*ER, *fin*IR, *rec*EVOIR, *rend*RE. Nous *chant*ONS, je *finir*AI, vous *recevr*EZ, ils *rendr*AIENT, etc.

Chant, fin, recev, rend, sont les radicaux, et ER IR, OIR, RE, ONS, AI, EZ, AIENT, sont les terminaisons.

132. La terminaison de chaque personne est la même pour tous les verbes de la même conjugaison.

Exemple : *Lim*ER, *chant*ER, *récit*ER, *parl*ER, *finiss*ONS, *gémiss*ONS, *béniss*ONS.

133. Il y a quatre conjugaisons que l'on distingue par la terminaison du présent de l'Infinitif.

134. La terminaison du présent de l'Infinitif de la première conjugaison est *er*, comme dans *chanter*.

Celle de la deuxième est *ir*, comme dans *finir*.

Celle de la troisième est *oir*, comme dans *recevoir*.

Celle de la quatrième est *re*, comme dans *rendre*.

Questions.... Exercices....

19ᵉ ENTRETIEN.

TABLEAU DES QUATRE CONJUGAISONS.

1ʳᵉ CONJUGAISON. er. | 2ᵉ CONJUGAISON. . ir. | 3ᵉ CONJUGAISON. oir. | 4ᵉ CONJUGAISON. . re.

INFINITIF (mode).

PRÉSENT. *Temps simple et primitif.*

. . . . er. | . . . . ir. | . . . . oir. | . . . . re.

PASSÉ. *Temps composé du présent de l'infinitif du verbe* AVOIR *et du passé du participe du verbe que l'on conjugue.*

Avoir . . . . . . é. | Avoir . . . . . i. | Avoir . . . . . . u. | Avoir . . . . . . u.

PARTICIPE (mode).

PRÉSENT. *Temps simple et primitif.*

. . . . ant. | . . . . ant. | . . . . ant. | . . . . ant.

PASSÉ. *Temps simple et primitif.*

Masculin. . . . é. | . . . . i. | . . . . u. | . . . . u.
Féminin. . . . . éc. | . . . . ie. | . . . . uc. | . . . . uc.

PASSÉ composé. *Temps composé du présent du participe du verbe* AVOIR *et du passé du participe du verbe que l'on conjugue.*

| Ayant . . . . . . é. | Ayant . . . . . . i. | Ayant . . . . . . u. | Ayant . . . . . . u. |

INDICATIF (mode).

PRÉSENT. *Temps simple et primitif au singulier, dérivé au pluriel parce qu'il est formé du présent du participe par le changement de la finale* ant *en* ons, ez, ent.

Je . . . . e.	Je . . . . s.	Je . . . . s.	Je . . . . s.
Tu . . . . . . es.	Tu . . . . . . s.	Tu . . . . . . s.	Tu . . . . . . s.
Il . . . . . . e.	Il . . . . . . t.	Il . . . . . . t.	Il . . . . . . t.
Nous . . . . . ons.	Nous . . . . . ons.	Nous . . . . . ons.	Nous . . . . . ons.
Vous . . . . . ez.	Vous . . . . . ez.	Vous . . . . . ez.	Vous . . . . . ez.
Ils . . . . . . ent.	Ils . . . . . . ent.	Ils . . . . . . ent.	Ils . . . . . . ent.

IMPARFAIT. *Temps simple, dérivé du présent du participe par le changement de la finale* ant *en celles de* ais, ais, ait, ions, iez, aient.

Je . . . . . . ais.	Je . . . . . . ais.	Je . . . . . . ais.	Je . . . . . . ais.
Tu . . . . . . ais.	Tu . . . . . . ais.	Tu . . . . . . ais.	Tu . . . . . . ais.
Il . . . . . . ait.	Il . . . . . . ait.	Il . . . . . . ait.	Il . . . . . . ait.
Nous . . . . . ions.	Nous . . . . . ions.	Nous . . . . . ions.	Nous . . . . . ions.
Vous . . . . . iez.	Vous . . . . . iez.	Vous . . . . . iez.	Vous . . . . . iez.
Ils . . . . . . aient.	Ils . . . . . . aient.	Ils . . . . . . aient.	Ils . . . . . . aient.

PASSÉ DÉFINI. *Temps simple et primitif.*

Je . . . . *ai.*	Je . . . . *is.*	Je . . . . *us.*	Je . . . . *is.*
Tu . . . . *as.*	Tu . . . . *is.*	Tu . . . . *us.*	Tu . . . . *is.*
Il . . . . *a.*	Il . . . . *it.*	Il . . . . *ut.*	Il . . . . *it.*
Nous . . . . . *âmes.*	Nous . . . . *îmes.*	Nous . . . . *ûmes.*	Nous. . . . . *îmes.*
Vous. . . . . *âtes.*	Vous. . . . . *îtes.*	Vous. . . . . *ûtes.*	Vous. . . . . *îtes.*
Ils . . . . . . *èrent.*	Ils . . . . . *irent.*	Ils . . . . . *urent.*	Ils . . . . . *irent.*

PASSÉ INDÉFINI. *Temps composé du présent de l'indicatif du verbe* AVOIR *et du passé du participe du verbe que l'on conjugue.*

J'ai . . . . *é.*	J'ai . . . . *i.*	J'ai . . . . . . *u.*	J'ai . . . . . . *u.*
Tu as . . . . *é.*	Tu as . . . . . *i.*	Tu as . . . . . *u.*	Tu as . . . . . *u.*
Il a . . . . *é.*	Il a . . . . . . *i.*	Il a . . . . . . *u.*	Il a . . . . . *u.*
Nous avons . . . . *é.*	Nous avons . . . *i.*	Nous avons . . . *u.*	Nous avons . . . *u.*
Vous avez. . . . . *é.*	Vous avez. . . . *i.*	Vous avez. . . . *u.*	Vous avez. . . . *u.*
Ils ont . . . . . . *é.*	Ils ont . . . . . *i.*	Ils ont . . . . . *u.*	Ils ont . . . . . *u.*

PASSÉ ANTÉRIEUR. *Temps composé du passé défini du verbe* AVOIR *et du passé du participe du verbe que l'on conjugue.*

J'eus. . . . . . . *é.*	J'eus. . . . . . *i.*	J'eus . . . . . *u.*	J'eus . . . . . *u.*
Tu eus . . . . . . *é.*	Tu eus. . . . . *i.*	Tu eus . . . . . *u.*	Tu eus. . . . . *u.*
Il eut . . . . . . *é.*	Il eut . . . . . *i.*	Il eut . . . . . *u.*	Il eut . . . . . *u.*

Nous eûmes . . . é.	Nous eûmes . . . i.	Nous cûmes . . . u.	Nous eûmes . . . u.
Vous eûtes . . . é.	Vous eûtes . . . i.	Vous eûtes . . . u.	Vous eûtes . . . u.
Ils eurent . . . é.	Ils eurent . . . i.	Ils eurent . . . u.	Ils eurent . . . u.

PLUS-QUE-PARFAIT. *Temps composé de l'imparfait de l'indicatif du verbe* AVOIR *et du passé du participe du verbe que l'on conjugue.*

J'avais . . . . é.	J'avais . . . . i.	J'avais . . . . u.	J'avais . . . . u.
Tu avais . . . é.	Tu avais . . . i.	Tu avais . . . u.	Tu avais . . . u.
Il avait . . . . é.	Il avait . . . . i.	Il avait . . . . u.	Il avait . . . . u.
Nous avions . . é.	Nous avions . . i.	Nous avions . . u.	Nous avions . . u.
Vous aviez . . . é.	Vous aviez . . . i.	Vous aviez . . . u.	Vous aviez . . . u.
Ils avaient . . . é.	Ils avaient . . . i.	Ils avaient . . . u.	Ils avaient . . . u.

FUTUR SIMPLE. *Temps simple, dérivé du présent de l'infinitif en changeant les finales* r, ir, oir, re, *en celles de* rai, ras, ra, rons, rez, ront.

Je . . . . . rai.	Je . . . . . rai.	Je . . . . . rai.	Je . . . . . rai.
Tu . . . . . ras.	Tu . . . . . ras.	Tu . . . . . ras.	Tu . . . . . ras.
Il . . . . . ra.	Il . . . . . ra.	Il . . . . . ra.	Il . . . . . ra.
Nous . . . rons.	Nous . . . rons.	Tous . . . rons.	Nous . . . rons.
Vous . . . rez.	Vous . . . rez.	Vous . . . rez.	Vous . . . rez.
Ils . . . . ront.	Ils . . . . ront.	Ils . . . . ront.	Ils . . . . ront.

FUTUR ANTÉRIEUR. *Temps composé du futur simple du verbe* AVOIR *et du passé du participe du verbe que l'on conjugue.*

J'aurai . . . . . . é.	J'aurai . . . . . . i.	J'aurai . . . . . . u.	J'aurai . . . . . . u.
Tu auras . . . . . é.	Tu auras . . . . . i.	Tu auras . . . . . u.	Tu auras . . . . . u.
Il aura . . . . . . é.	Il aura . . . . . . i.	Il aura . . . . . . u.	Il aura . . . . . . u.
Nous aurons. . . . é.	Nous aurons . . . i.	Nous aurons. . . u.	Nous aurons. . . u.
Vous aurez . . . . é.	Vous aurez . . . i.	Vous aurez . . . u.	Vous aurez . . . u.
Ils auront. . . . . é.	Ils auront. . . . i.	Ils auront. . . . u.	Ils auront. . . . u.

CONDITIONNEL (mode.)

PRÉSENT. *Temps simple et dérivé, formé du présent de l'infinitif en changeant les finales* r, ir, oir, re, *en celles de* rais, rais, rait, rions, riez, raient.

Je. . . . . . . rais.	Je. . . . . . . rais.	Je. . . . . . . rais.	Je . . . . rais.
Tu . . . . . . rais.	Tu . . . . . . rais.	Tu . . . . . . rais.	Tu . . . . . . rais.
Il . . . . . . rait.	Il . . . . . . rait.	Il . . . . . . rait.	Il . . . . . . rait.
Nous. . . . rions.	Nous. . . . rions.	Nous . . . rions.	Nous. . . . rions.
Vous . . . . riez.	Vous. . . . riez.	Vous . . . riez.	Vous. . . . riez.
Ils. . . . . raient.	Ils . . . . . raient.	Ils . . . . . raient.	Ils. . . . . raient.

PREMIER PASSÉ. *Temps composé du présent du conditionnel du verbe* AVOIR *et du passé du participe du verbe que l'on conjugue.*

J'aurais. . . . . é.	J'aurais. . . . . i.	J'aurais . . . . . u.	J'aurais . . . . . u.

Tu aurais . . . . *é.*	Tu aurais . . . . *i.*	Tu aurais . . . . *u.*	Tu aurais . . . . *u.*
Il aurait . . . . *é.*	Il aurait . . . . *i.*	Il aurait . . . . *u.*	Il aurait . . . . *u.*
Nous aurions . . *é.*	Nous aurions . . *i.*	Nous aurions . . *u.*	Nous aurions . . *u.*
Vous auriez . . . *é.*	Vous auriez . . . *i.*	Vous auriez . . . *u.*	Vous auriez . . . *u.*
Ils auraient . . . *é.*	Ils auraient . . . *i.*	Ils auraient . . . *u.*	Ils auraient . . . *u.*

DEUXIÈME PASSÉ. *Temps composé de l'imparfait du subjonctif du verbe* AVOIR *et du passé du participe du verbe que l'on conjugue.*

J'eusse . . . . *é.*	J'eusse . . . . *i.*	J'eusse . . . . *u.*	J'eusse . . . . *u.*
Tu eusses . . . *é.*	Tu eusses . . . *i.*	Tu eusses . . . *u.*	Tu eusses . . . *u.*
Il eût . . . . *é.*	Il eût . . . . *i.*	Il eût . . . . *u.*	Il eût . . . . *u.*
Nous eussions . . *é.*	Nous eussions . . *i.*	Nous eussions . . *u.*	Nous eussions . . *u.*
Vous eussiez . . *é.*	Vous eussiez . . *i.*	Vous eussiez . . *u.*	Vous eussiez . . *u.*
Ils eussent . . . *é.*	Ils eussent . . . *i.*	Ils eussent . . . *u.*	Ils eussent . . . *u.*

IMPÉRATIF (mode).

PRÉSENT. *Temps simple, dérivé du présent de l'indicatif en supprimant les pronoms* tu, nous, vous. *Pour la 2e, la 3e et la 4e conjugaison on change la finale de la 3e personne en* e.

. . . . . *e.*	. . . . . *s.*	. . . . . *s.*	. . . . . *s.*
Qu'il . . . . *e.*	Qu'il . . . . *e.*	Qu'il . . . . *e.*	Qu'il . . . . *e.*
. . . . *ons.*	. . . . *ons.*	. . . . *ons.*	. . . . *ons.*
. . . . *ez.*	. . . . *ez.*	. . . . *ez.*	. . . . *ez.*
Qu'ils . . . . *ent.*	Qu'ils . . . . *ent.*	Qu'ils . . . . *ent.*	Qu'ils . . . . *ent.*

SUBJONCTIF (mode).

PRÉSENT OU FUTUR. *Temps simple, dérivé du présent du participe par le changement de la finale ant en celles de e, es, e, ions, iez, ent.*

Que je . . . . e.	Que je . . . . . . e.	Que je . . . . . . e.	Que je . . . . . e.
Que tu. . . . . . es.	Que tu . . . . . es.	Que tu . . . . . es.	Que tu . . . . . es.
Qu'il. . . . . . e.	Qu'il. . . . . . e.	Qu'il . . . . . . e.	Qu'il . . . . . . e.
Que nous. . . ions.	Que nous . . . ions.	Que nous . . . ions.	Que nous . . . ions.
Que vous. . . iez.	Que vous . . . iez.	Que vous . . . iez.	Que vous . . . iez.
Qu'ils . . . . ent.	Qu'ils . . . . ent.	Qu'ils . . . . ent.	Qu'ils. . . . . ent.

IMPARFAIT. *Temps simple, dérivé du passé défini en changeant la finale ai, en celles de asse, asses, ât, assions, assiez, assent, pour la 1re conjugaison, et en ajoutant à la première personne les finales se, ses, ..., sions, siez, sent pour les trois autres.*

Que je . . . . asse.	Que je . . . . isse.	Que je . . . . usse.	Que je . . . . isse.
Que tu. . . . asses.	Que tu. . . . isses.	Que tu . . . usses.	Que tu. . . . isses.
Qu'il. . . . . ât.	Qu'il. . . . . ît.	Qu'il . . . . ût.	Qu'il . . . . . ît.
Que nous . assions.	Que nous. . issions.	Que nous. . ussions.	Que nous. . issions.
Que vous. . assiez.	Que vous . . issiez.	Que vous . . ussiez.	Que vous . . issiez.
Qu'ils . . assent.	Qu'ils. . . . issent.	Qu'ils . . . ussent.	Qu'ils . . . issent.

PASSÉ. *Temps composé du présent du subjonctif du verbe* AVOIR *et du passé du participe du verbe que l'on conjugue.*

Que j'aie . . . . é.	Que j'aie . . . . i.	Que j'aie . . . u.	Que j'aie . . . . u.
Que tu aies. . . é.	Que tu aies. . . i.	Que tu aies. . . u.	Que tu aies . . . u.
Qu'il ait. . . . é.	Qu'il ait . . . . i.	Qu'il ait . . . u.	Qu'il ait . . . . u.
Que nous ayons . é.	Que nous ayons. . i.	Que nous ayons . u.	Que nous ayons. . u.
Que vous ayez . . é.	Que vous ayez . . i.	Que vous ayez . . u.	Que vous ayez. . u.
Qu'ils aient . . é.	Qu'ils aient . . . i.	Qu'ils aient . . . u.	Qu'ils aient . . . u.

PLUS-QUE-PARFAIT. *Temps composé de l'imparfait du subjonctif du verbe* AVOIR *et du passé du participe du verbe que l'on conjugue.*

Que j'eusse . . . é.	Que j'eusse . . . i.	Que j'eusse . . . u.	Que j'eusse . . . u.
Que tu eusses . . é.	Que tu eusses . . i.	Que tu eusses. . u.	Que tu eusses . . u.
Qu'il eût . . . é.	Qu'il eût . . . . i.	Qu'il eût . . . u.	Qu'il eût . . . . u.
Que nous eussions é.	Que nous eussions. i.	Que nous eussions u.	Que nous eussions u.
Que vous eussiez . é.	Que vous eussiez . i.	Que vous eussiez. u.	Que vous eussiez . u.
Qu'ils eussent . . é.	Qu'ils eussent . . i.	Qu'ils eussent . . u.	Qu'ils eussent . . u.

Questions..... Exercices.....

20ᵉ ENTRETIEN.

156. Pour bien conjuguer un verbe, il faut connaître la formation des temps et savoir bien distinguer les temps primitifs, c'est-à-dire ceux avec lesquels on forme les temps dérivés.

157. Les verbes dont les temps dérivés se forment régulièrement des temps primitifs, et qui n'ont qu'un radical, s'appellent verbes réguliers; dans le cas contraire, ils s'appellent verbes irréguliers.

158. On appelle verbes défectifs ceux auxquels l'usage refuse certains temps ou certaines personnes.

Exemple : Le verbe éclore n'a pas de présent au participe ni de passé défini, et par conséquent tous les temps et les personnes qui se forment de ces deux temps primitifs lui manquent aussi C'est donc un verbe défectif.

159. Il y a peu de verbes irréguliers dans la première et la deuxième conjugaison; dans la troisième ils le sont presque tous, et dans la quatrième il y en a un grand nombre.

‹ .... ›

Questions.... Exercices....

21ᵉ ENTRETIEN.

TEMPS PRIMITIFS

De quelques verbes irréguliers.

PRÉSENT DE L'INFINITIF.	PRÉSENT DU PARTICIPE.	PASSÉ DU PARTICIPE.	PRÉSENT DE L'INDICATIF.	PASSÉ DÉFINI.
Aller.	Allant.	Allé.	Je vais. (1)	J'allai.
Envoyer.	Envoyant.	Envoyé.	J'envoie.	J'envoyai.
Acquérir.	Acquérant.	Acquis.	J'acquiers.	J'acquis.
Courir.	Courant.	Couru.	Je cours.	Je courus.
Cueillir.	Cueillant.	Cueilli.	Je cueille.	Je cueillis.
Mourir.	Mourant.	Mort.	Je meurs.	Je mourus.
Tressaillir.	Tressaillant.	Tressailli.	Je tressaille.	Je tressaillis.
Venir.	Venant.	Venu.	Je viens.	Je vins.
Convenir.	Convenant.	Convenu.	Je conviens.	Je convins.
Déchoir.	. . . . (2)	Déchu.	Je déchois.	Je déchus.
Echoir.	Echéant.	Echu.	Il échoit.	Il échut.
Falloir.	. . . .	Fallu.	Il faut.	Il fallut.
Mouvoir.	Mouvant.	Mû.	Je meus.	Je mus.
Pleuvoir.	Pleuvant.	Plu.	Il pleut.	Il plut.
Pourvoir.	Pourvoyant.	Pourvu.	Je pourvois.	Je pourvus.
S'asseoir.	S'asseyant.	Assis.	Je m'assieds.	Je m'assis.
Savoir.	Sachant.	Su.	Je sais.	Je sus.
Surseoir.	Sursoyant.	Sursis.	Je sursois.	Je sursis.
Valoir.	Valant.	Valu.	Je vaux.	Je valus.
Voir.	Voyant.	Vu.	Je vois.	Je vis.
Pouvoir.	Pouvant.	Pu.	Je peux, *ou* Je puis. (3)	Je pus.
Absoudre.	Absolvant.	Absous.	J'absous.	. . . .
Résoudre.	Résolvant.	Résous, Résolu.	Je résous.	Je résolus.
Battre.	Battant.	Battu.	Je bats.	Je battis.
Boire.	Buvant.	Bu.	Je bois.	Je bus.
Braire.	. . . .	. . . .	Il brait.	. . . .
Bruire.	Bruyant.	. . . .	. . . .	. . . .
Circoncire.	. . . .	Circoncis.	Je circoncis.	Je circoncis.
Clore.	. . . .	Clos.	Je clos.	. . . .
Conclure.	Concluant.	Conclu.	Je conclus.	Je conclus.
Confire.	. . . .	Confit.	Je confis.	Je confis.
Coudre.	Cousant.	Cousu.	Je couds.	Je cousis.
Croire.	Croyant.	Cru.	Je crois.	Je crus.

(1) Tu vas, il va, nous allons, vous allez, ils vont. Tout impératif qui ne finit pas par un s en prend un quand il est suivi des mots y ou *en*, à moins que *en* ne soit préposition. Ecrivez : *vas-y*; de ta leçon, *récites-en* la moitié. Mais dites : *va en* Italie; *récite* en présence de monsieur.

(2) Lorsqu'un temps primitif manque, les temps qui en sont dérivés manquent généralement aussi. Il n'y a guère d'exception que pour le verbe *falloir*, qui n'a point de présent au participe, et qui pourtant a l'imparfait, *il fallait*, et le présent du subjonctif, *qu'il faille*.

(3) Ce verbe n'a point d'impératif.

PRÉSENT DE L'INFINITIF.	PRÉSENT DU PARTICIPE.	PASSÉ DU PARTICIPE.	PRÉSENT DE L'INDICATIF.	PASSÉ DÉFINI.
Dire.	Disant.	Dit.	Je dis. (1)	Je dis.
Faire.	Faisant.	Fait.	Je fais. (2)	Je fis.
Luire.	Luisant.	Lui.	Je luis.	. . . .
Mettre.	Mettant.	Mis.	Je mets.	Je mis.
Moudre.	Moulant.	Moulu.	Je mouds.	Je moulus.
Naître. (3)	Naissant.	Né.	Je nais.	Je naquis.
Rire.	Riant.	Ri.	Je ris.	Je ris.
Rompre.	Rompant.	Rompu.	Je romps.	Je rompis.
Traire.	Trayant.	Trait.	Je trais.	. . . . (4)
Vaincre.	Vainquant.	Vaincu.	Je vaincs.	Je vainquis.
Vivre.	Vivant.	Vécu.	Je vis.	Je vécus.

Questions..... *Exercices.....*

22ᵉ ENTRETIEN.

Du Complément des Verbes.

141. On appelle *complément* des verbes le mot qui complète l'idée exprimée par ce verbe.

« . . . . »

142. Il y a deux sortes de compléments : le complément direct et le complément indirect.

143. Le complément direct est celui qui reçoit directement l'action exprimée par le verbe.

Je mange une pomme. Vous étudierez votre

---

(1) Tu dis, il dit, nous disons, vous dites, ils disent. On conjugue de même *redire*, mais les autres composés de *dire*, comme *dédire*, se conjuguent régulièrement : vous *dédisez*, vous *contredisez*. Le verbe *maudire* fait : vous *maudissez*.

(2) Tu fais, il fait, nous faisons, vous *faites*, ils font. *Satisfaire* et *contrefaire* se conjuguent de même : vous *satisfaites*, vous *contrefaites*.

(3) Tous les verbes terminés par *aître*, comme *naître, paraître*, conservent l'accent circonflexe sur l'*i* quand cette lettre est suivie d'un *t* ; mais il perd cet accent s'il n'est pas suivi d'un *t* : *paraissez, naissant*.

(4) Les verbes *distraire, soustraire, extraire*, etc., n'ont pas de passé défini.

leçon. *Pomme* et *leçon* sont les compléments directs des verbes *mange* et *étudierez.*

144. Le complément direct répond à la question faite après le verbe et les pronoms interrogatifs *qui*, pour les personnes, et *quoi* pour les choses.

« . . . . « . . . . »

145. Le complément indirect est celui qui reçoit indirectement l'action exprimée par le verbe.

J'ai donné des devoirs *aux* élèves. Dans cette phrase, *devoir* est le complément direct du verbe *j'ai donné*, et *élèves* le complément indirect.

146. Le complément indirect répond à la question faite à l'aide des mots *à qui*, *de qui*, pour les personnes, *à quoi*, *de quoi*, etc., pour les choses.

« . . . . »

147. Le complément indirect est toujours séparé du verbe par une préposition.

148. Le complément indirect d'un verbe est en même temps complément de la préposition qui le sépare d'avec le verbe

« . . . . »

DIVISION DES VERBES D'ACTION.

149, Les verbes d'action se divisent en *verbes transitifs* et en *verbes intransitifs.*

150. On appelle transitifs les verbes dont l'action sortant du sujet s'exerce sans intermédiaire sur un complément direct.

J'adore Dieu. Dieu étant complément direct du verbe *adore*, ce verbe est transitif.

151. On appelle intransitifs ceux dont l'action ne s'exerce pas sur un complément, ou ne s'exerce qu'indirectement par l'intermédiaire d'une préposition; alors le complément est indirect.

Je dors, tu sortais, il part pour Paris.

152. Il y a des verbes intransitifs qui peuvent avoir un complément indirect.

Je sors de l'église, *je vais* à Rome, *vous tenez* à lui, *nous travaillons* pour l'amour de Dieu.

153. Un verbe transitif, lorsqu'il est employé d'une manière vague, peut devenir intransitif.

Dans les séminaires, un élève lit *pendant que les autres* mangent. *Lit* et *mangent*, dans ce cas, sont intransitifs.

Si l'on avait : *un élève* lit *une histoire édifiante pendant que les autres* mangent *le potage;* les deux mêmes verbes seraient transitifs.

154. Il y a des verbes intransitifs qui peuvent devenir transitifs; tels sont : *monter, descendre, parler,* etc.

On dira intransitivement :

Montez avec moi ; descendons ensemble ; sortons d'ici; cette petite fille commence à parler.

On dira transitivement :

Montez du bois; descendez ces bouteilles à la cave; cet étranger parle bien la langue française.

Questions..... Exercices.....

23ᵉ ENTRETIEN.

Du Mode Participe.

α .... ϖ

Du Présent du Participe.

155. Le présent du Participe a cela de très remarquable qu'il est toujours terminé par *ant* pour tous les verbes des quatre conjugaisons, et est toujours invariable, c'est-à-dire qu'il n'a ni genre ni nombre.

156. Le présent du Participe ajoute au mot qu'il modifie l'idée d'une action présente par rapport à une autre époque. Exemple :

Télémaque était actif, prévoyant, attentif aux besoins les plus éloignés, arrangeant *toutes choses à propos,* ne s'embarrassant *de rien et* n'embarrassant *point les autres,* excusant *les fautes,* réparant *les mécomptes,* prévenant *les difficultés, ne* demandant *rien de trop à personne,* inspirant *partout la liberté et la confiance.*

157. Il faut bien distinguer le présent du Participe de l'adjectif verbal qui se termine aussi par

ant ; celui-ci n'exprimant que l'état habituel ou prolongé d'un nom, ou sa manière d'être, ne peut avoir de complément, tandis que celui-là exprimant une action en a un, ou peut en avoir un.

« . . . . »

Du Passé du Participe.

158. Le passé du participe a plusieurs terminaisons et est tantôt variable et tantôt invariable : il exprime toujours, avec le verbe qui l'accompagne, une action passée. Exemple :

J'ai mangé. Tu avais parlé. Il avait puni le paresseux.

159. Lorsque le passé du Participe n'est accompagné d'aucun verbe, il est considéré comme adjectif; il est par conséquent toujours variable, c'est-à-dire qu'il prend le genre et le nombre du substantif auquel il se rapporte. Exemple :

Un roi aimé *de ses peuples. Une reine* aimée *de ses peuples. Des princes* aimés *des soldats. Des princesses* aimées *de tout le monde.*

160. Lorsque le passé du Participe est précédé d'un des temps du verbe *Être,* et que ce verbe n'est pas employé pour le verbe *Avoir,* il est encore considéré comme un adjectif, et il s'accorde en genre et en nombre avec le sujet du verbe. Exemple :

Je suis estimé. Tu es puni. Il est aimé. Nous

sommes entrés. Vous êtes sortis. Ils sont morts.

« . . . . »

161. Le sujet est quelquefois après le verbe, mais cela ne change rien à l'accord du passé du Participe. Exemple :

Descendu *au bas de la montagne, il trouve une source d'eau limpide.* Arrivée *à la ville avant moi, elle a pu faire ses commissions.* Retenus *à la campagne, ces messieurs n'ont pu venir plus tôt,* Aimées, chéries *de leurs enfants, ces mères sont heureuses.*

162. Le passé du Participe employé avec un des temps du verbe *avoir,* exprimé ou sous-entendu, est invariable lorsqu'il est suivi de son complément direct, et lorsqu'il n'en a pas. Exemple :

J'ai mangé une pomme. *Vous avez fini votre* ouvrage. *Il a su sa* leçon. *Nous avons vu de belles* fleurs. *J'ai dormi. Vous avez couru. Ils ont bu.*

« . . . . »

163. Le passé du Participe est variable et prend le genre et le nombre de son complément direct, lorsque ce complément se trouve placé avant le verbe. Exemple :

Les difficultés que nous avons vaincues *avaient* rebuté *plusieurs personnes.*

164. Les règles de variabilité et d'invariabilité du passé du Participe se réduisent donc à trois :

1° Seul ou accompagné du verbe d'existence

Être, il prend le genre et le nombre du *nom* ou du *pronom* auquel il se rapporte.

2° Accompagné du verbe *Avoir* et suivi de son complément direct, ou s'il n'en a pas, il est toujours invariable.

3° Accompagné du verbe *Avoir* et précédé de son complément direct, il est toujours variable, et prend le genre et le nombre de ce complément.

« .... »

Questions.... Exercices...

24ᵉ ENTRÉTIEN.

DES VERBES PASSIFS.

165. On appelle *verbes passifs* ceux dont le sujet *souffre* l'action exprimée par le verbe et faite par le complément indirect, exprimé ou sous-entendu. Exemple :

Je suis aimé. Tu es haï. La maison est vendue. Nous sommes prévenus. Ils ont été punis.

« .... »

166. Tout verbe transitif peut devenir passif en ajoutant le passé de son Participe à chaque personne de tous les temps du verbe *Être*. Exemple :

Nous adorons Dieu. Dieu est adoré de nous. J'aime mes parents. Mes parents sont aimés de moi. Tu as écrit cette lettre. Cette lettre a été écrite par toi.

« .... »

DES VERBES INTRANSITIFS ET DES VERBES RÉFLÉCHIS.

167. On appelle verbe intransitif celui qui n'a pas de complément direct, comme *aller, nager, courir, dormir, suffire,* etc.

Les verbes intransitifs se conjuguent dans les temps composés, les uns avec *avoir,* comme :

J'ai dormi, tu as régné, vous avez nagé, etc.

Et les autres avec le verbe *être,* comme :

Je suis allé, il est décédé, nous étions arrivés, vous seriez parvenus, etc.

168. On appelle verbes réfléchis ceux qui se conjuguent avec deux pronoms de la même personne, et dont l'un est sujet du verbe, et l'autre complément direct ou indirect, comme :

Je me promène. Tu te loues. Il se flatte. Nous nous plaisons. Vous vous suffisez. Ils se succèdent.

C'est comme si l'on disait :

Je promène moi. Tu loues toi. Il flatte soi, lui. Nous plaisons à nous. Vous suffisez à vous. Ils succèdent à eux.

« .... »

169. Lorsque, dans un verbe réfléchi, un des pronoms est complément direct, le verbe est transitif; lorsqu'il est complément indirect, le verbe est intransitif.

« .... »

DIVERSES ESPÈCES DE VERBES RÉFLÉCHIS.

170. Il y a plusieurs espèces de verbes réfléchis.

1° Le réfléchi direct ; 2° Le réfléchi indirect ; 3° le réfléchi essentiel ; 4° le réfléchi accidentel ; 5° Le réfléchi réciproque.

171. Le verbe *réfléchi direct* est celui qui a pour complément direct un des deux pronoms avec lesquels il se conjugue. Exemple :

Il se vante.

Le pronom *se* est complément direct du verbe *vante ;* c'est comme s'il y avait : *il vante lui.*

172. Le verbe *réfléchi indirect* est celui qui a pour complément indirect un des deux pronoms avec lesquels il se conjugue. Exemple :

Nous nous plaisons.

Cela veut dire : *nous plaisons à nous.* Le deuxième pronom *nous* est donc complément indirect du verbe plaisons.

173. Le verbe *réfléchi essentiel* est celui qui ne peut, en aucune circonstance, se conjuguer sans deux pronoms. Exemple :

Je me repens. Tu te souviens. Il s'empare. Nous nous abstenons.

On ne pourrait pas dire :

Je repens. Tu souviens. Il empare. Nous abstenons.

174. Le verbe *réfléchi accidentel* est celui qui peut se conjuguer avec un seul pronom. Exemple :

Tu te loues, Vous vous flattez.

On peut bien dire :

Tu loues. Vous flattez. Ces deux verbes réfléchis accidentels sont en même temps *réfléchis directs.*

175. Le verbe *réfléchi réciproque* est celui qui exprime une action faite par plusieurs sujets qui agissent les uns sur les autres. Exemple :

Ils se sont battus, et ils se sont blessés.

176. Il y a encore une autre espèce de *verbe réfléchi* qui ne s'emploie qu'à la troisième personne, soit au singulier, soit au pluriel, et qui n'exprime ni l'action du sujet véritable sur lui-même, ni une action faite par le sujet apparent (1).

DU VERBE UNIPERSONNEL.

177. Le verbe unipersonnel est celui qui ne s'emploie qu'à la troisième personne du singulier, et qui a toujours pour sujet le pronom *il*, qui, dans ce cas, est plutôt indéfini que personnel, et n'est que le sujet apparent du verbe. Exemple :

Il pleut, il tonne, il faut, il importe.

---

¹ Je dis apparent, parce que dans cette phrase : *cette maison s'est vendue*, ce n'est certainement pas *la maison* qui a fait l'action de vendre; donc que ce mot n'est que sujet apparent.

Tous ces verbes sont unipersonnels, car on ne peut pas dire :

Je pleux, tu faux, nous importons.

Le pronom *il* ne fait pas l'action exprimée par ces verbes : donc il n'est que le sujet apparent.

Le verbe *être*, le verbe *avoir*, quelques verbes transitifs et quelques verbes intransitifs, peuvent devenir unipersonnels. Exemple :

Il nous est arrivé un accident. Il fait beau temps. Il n'y a qu'un Dieu.

« .... »

Questions.... Exercices.....

25ᵉ ENTRETIEN.

DE L'ADVERBE. — Vᵉ PARTIE DU DISCOURS.

178. L'adverbe est un mot invariable que l'on joint à un *verbe* ou à un *adjectif*, ou même à un *adverbe*, pour en exprimer quelque modification, quelque circonstance. Exemple :

Je suis bien *content de cet élève; il travaille* très bien *; il se conduit* convenablement.

« .... »

179. L'adverbe, tout en modifiant les mots auxquels on l'adjoint, devient complément de ces mots. Exemple :

Cet enfant mange peu, *travaille* beaucoup *et dort* bien.

Peu, *beaucoup*, *bien*, complètent les idées exprimées par les verbes *mange*, *travaille*, *dort*; donc ils sont compléments de ces verbes.

180. La plupart des adverbes de manière terminés par *ment*, sont dérivés des adjectifs qui ont la même signification. Exemple :

Cette jeune personne chante agréablement, est la même chose que *cette jeune personne chante d'une manière* agréable.

181. Quelques adjectifs peuvent être adverbes, et, dans ce cas, ils sont invariables; tels sont :

Bon, chaud, cher, droit, dur, faux, juste, etc.

Voilà un mets qui sent bon.

Nous avons mangé trop froid *ce matin, et ce soir nous mangeons trop* chaud.

Ces étoffes ont été vendues trop cher.

Il faut qu'il marche droit.

Ce vieillard entend dur.

Ces jeunes gens chantent faux *et ces dames chantent* juste.

182. Lorsque plusieurs mots font les fonctions d'un adverbe, on appelle ces mots *locutions ou expressions adverbiales*, comme :

A tort et à travers, à peu près, peut-être, sur-le-champ, tour-à-tour, etc.

Il parle à tort et à travers.

Son devoir, il l'a fait à peu près.

Il ira peut-être.

Faites cela sur-le-champ.

Ils parlent tour-à-tour.

DE LA PRÉPOSITION. — VIe PARTIE DU DISCOURS.

183. La préposition est un mot invariable qui sert à marquer un rapport entre deux objets.

Paul va à *Paris. Ces dames sortent* de *l'église.*

La préposition *à* sert à marquer le rapport, la liaison qui existe entre *Paul* et *Paris.* La préposition *de* sert à marquer le rapport, la liaison qui existe entre *sortent* et *église.*

184. La préposition ne signifie rien par elle-même, mais elle annonce toujours la relation qui existe entre ce qui la précède et son complément qui la suit.

185 Les prépositions expriment des rapports de but, de cause, d'exclusion, de démonstration, de lieu, de moyen, d'opposition, d'ordre, de sépara-tion, de temps.

« . . . . »

186. On appelle locutions ou expressions pré-positives plusieurs mots qui jouent ensemble le rôle de la préposition, telles sont :

Au-devant de, au-dessus de, en dehors de, eu égard à, jusqu'à, par rapport à, près de, etc.

Questions.... Exercices....

26e ENTRETIEN.

DE LA CONJONCTION.—VIIe PARTIE DU DISCOURS.

187. La conjonction est un mot invariable qui

sert à joindre, à lier les mots d'une phrase et les phrases entre elles.

« .... »

188. Lorsque plusieurs mots font ensemble les fonctions d'une conjonction, on appelle ces mots locutions ou expressions conjonctives, telles sont :

A moins que, au cas que, attendu que, bien que, c'est pourquoi, en outre, etc.

DE L'INTERJECTION. —VIIIe PARTIE DU DISCOURS.

189. L'interjection est un mot invariable qui exprime ordinairement un sentiment vif, un mouvement subit de l'âme; et ce sentiment, ce mouvement se manifestent au dehors par des cris de douleur, de joie, de tristesse, d'approbation, de peur, de surprise, d'admiration ou d'aversion; c'est, en un mot, le résultat verbal et spontané des vives sensations que nous éprouvons.

« .... »

190. Nous avons plusieurs mots qui peuvent devenir interjections, selon les sentiments qui nous affectent au moment où nous les prononçons; tels sont :

Adieu ! Allons ! Alerte! Bon! Bonjour ! Ça ! Ciel! Comment! Courage ! Dieu! Ferme! Gare ! Monsieur ! Madame! Miséricorde ! Paix ! Peste ! Quoi! Silence! Tout beau! Zest!

« .... »

Questions... Exercices...

27ᵉ ENTRETIEN (1).

DE LA PONCTUATION.

La ponctuation est l'art de *ponctuer*, c'est-à-dire d'indiquer par des signes de convention les différentes pauses que l'on doit faire en lisant.

Les signes de la ponctuation sont :

1° La virgule (,).

2° Le point-virgule (;).

3° Les deux-points (:).

4° Le point final (.).

5° Le point d'interrogation (?).

6° Le point d'exclamation (!).

7° Les points de suspension (.....).

8° Les guillemets (« »).

9° La parenthèse (   ).

10° Le tiret (—).

DE LA VIRGULE.

On emploie la virgule :

1° Pour séparer plusieurs noms, plusieurs adjectifs, plusieurs verbes qui se suivent :

> Adieu, veau, vache, cochon, couvée. . . . .
> Le malheureux lion, languissant, triste, morne. . . . .
> Creusez, bêchez, fouillez, ne laissez nulle place. . . . .
> Quant à vous, suivez Mars, ou l'amour, ou le prince ;
> Allez, venez, courez, demeurez en province ;
> Prenez femme, abbaye, emploi, gouvernement,
> Les gens en parleront, n'en doutez nullement.
>
> (LA FONTAINE.)

---

(1) Cet Entretien correspond au 30ᵉ de la Grammaire complète.

2° On se sert de la virgule pour séparer de petites phrases :

> Il gémit, il soupire,
> Il se tourmente, il se déchire.

3° On s'en sert encore pour distinguer les différentes parties d'une phrase un peu longue :

> *L'étude rend savant, et la réflexion rend sage.*

Du Point-Virgule.

Le point-virgule se met entre deux phrases dont l'une dépend de l'autre :

> Tout bourgeois veut bâtir comme les grands seigneurs ;
> Tout petit prince a des ambassadeurs ;
> Tout marquis veut avoir des pages.   (*Le même.*)

Des Deux-Points.

On met deux points avant une phrase, un discours cité :

> Le chêne un jour dit au roseau :
> Vous avez bien sujet d'accuser la nature, etc. (*Le même.*)

En ce temps-là, Jésus dit à ses disciples : Encore un peu de temps, etc.

On met aussi deux points après une phrase ayant un sens à peu près complet, mais suivie d'une autre qui l'éclaircit :

> Pour un âne enlevé deux voleurs se battaient :
> L'un voulait le garder, l'autre le voulait vendre.
>
>   (*Le même.*)

On rendait la justice dans des lieux publics : là, chacun plaidait sa cause; celles des pauvres et des veuves étaient appelées les premières. (Saint-Ouen.)

Du Point Final.

Le point se met après une phrase entièrement achevée :

> Dans ce récit, je prétends faire voir
> D'un certain sot la remontrance vaine.
> Un jeune enfant dans l'eau se laissa choir

En badinant sur les bords de la Seine.
Le ciel permit qu'un saule se trouvât,
Dont le branchage, après Dieu, le sauva.

(LA FONTAINE.)

Mérovée régna après Clodion. A cette époque la Gaule était divisée en quatre peuples puissants. (SAINT-OUEN.)

DU POINT D'INTERROGATION.

Le point d'interrogation se place après une phrase ou un mot interrogatif :

Où allez-vous? — Que faites-vous là? — Qui vous a dit cela? — Qui? — Vous?

DU POINT D'EXCLAMATION.

Le point d'exclamation se place après un mot ou une phrase qui peint une sensation vive :

Ah! qu'as-tu dit, mon fils! Rends-moi cet arc! Je suis trahi!

O rivages! ô promontoires de cette île! ô bêtes farouches! ô rochers escarpés! c'est à vous que je me plains!

(FÉNÉLON.)

DES POINTS DE SUSPENSION.

Ces points se placent après une phrase interrompue, et avant une phrase ou un discours cité dont on retranche le commencement.

. . . . C'est à cette heure, ...
Non, mes enfants, dormez en paix :
Ne bougeons de notre demeure.

DES GUILLEMETS.

Les guillemets se placent au commencement et à la fin d'une citation, et même avant chaque ligne d'une citation. La Fontaine a dit :

« Ne forçons point notre talent;
» Nous ne ferions rien avec grâce. »

DE LA PARENTHÈSE.

On se sert de la parenthèse pour séparer une phrase qu'on pourrait retrancher sans nuire au sens, ou pour renfermer un nom qu'on a besoin de citer :

Notre aigle aperçut d'aventure,
Dans les coins d'une roche dure,
Ou dans les trous d'une masure,
(Je ne sais pas lequel des deux)
De petits monstres fort hideux.   (LA FONTAINE.)

DU TIRET.

On emploie le tiret pour annoncer le changement d'interlocuteur dans la conversation.

. . . . N'y suis-je point encore ? —
Nenni. — M'y voici donc ? — Point du tout. —
M'y voilà ? — Vous n'en approchez point.

DE L'ALINÉA.

L'alinéa consiste dans le renvoi à la ligne suivante de la continuation du sujet qu'on traite, bien que celle où l'on est ne soit pas achevée.

Dieu créa le monde en six jours.

Le premier jour, il dit : Que la lumière soit, et la lumière fut.

Le second jour, il créa le firmament, qu'il appela le Ciel.

Le troisième jour, il réunit toutes les eaux qui étaient répandues sur la terre, etc.

IMP. E. DÉZAIRS, A BLOIS.

www.ingramcontent.com/pod-product-compliance
Lightning Source LLC
Chambersburg PA
CBHW061427060726
47597CB00003B/1164